Destetar sin Lágrimas

Pilar Martínez Álvarez

Copyright © 2013 Pilar Martínez Álvarez

Destetar sin Lágrimas / maternidadcontinuum.com

Todos los derechos reservados

2ª edición

ISBN:84-616-2861-6

Diseño de la cubierta copyright © Louma Sader Bujana - BlogDesign.es

Fotografía de la cubierta copyright ©iStockphoto.com/moodboard

Fotografía de la contra portada copyright © Gines Garcia

A mis hijas Pilar y Alejandra, las verdaderas maestras de mi vida que me enseñan lo importante día tras día
Pilar Martínez

INDICE DE CONTENIDOS

    Agradecimientos

1   Introducción   Pg 1

2   Recomendaciones Oficiales   Pg 5

3   Motivos para el Destete   Pg 9

4   Destete natural   Pg 19

5   Generalidades a tener en cuenta Pg 25

6   Destete parcial   Pg 33

7   Destete nocturno   Pg 43

8   Destete total   Pg 53

9   Bibliografía   Pg 65

10 Acerca de la Autora   Pg 67

11 Acerca de la Ilustradora   Pg 69

AGRADECIMIENTOS

Soy una mujer afortunada, tengo a mucha gente a la que quiero dar las gracias porque sin ellos no habría sido posible que este libro viera la luz.
En primer lugar a mi marido, ya que sin su apoyo y su confianza no habría sido capaz de lanzarme a escribir nada.
En segundo lugar a las madres que he tenido la suerte de conocer gracias a los Talleres de Lactancia, ellas me han ayudado más a mi que yo a ellas.
Y en tercer lugar, a esas madres emprendedoras de la red que forman una tribu maravillosa en la que todas nos apoyamos, nos aconsejamos y nos ayudamos a alcanzar el éxito con nuestros proyectos.
Gracias a todos.

1 INTRODUCCIÓN

¿Cuánto tiempo debe mamar un niño?

¿Hasta cuándo le vas a dar el pecho?

¿Va a seguir mamando hasta que vaya a la Universidad?

¿Cuándo es recomendable amamantar a un bebé?

Seguro que todas esas frases te suenan y mucho. Yo las he escuchado cientos de veces, son dudas muy recurrentes entre la gente.

En esta sociedad, parece que queremos controlar todos y cada uno de los detalles que rodean a nuestra vida, por lo que la crianza y la lactancia materna también es susceptible de ser "controlada".

Sin embargo, cualquier madre seguro que ha comprobado muchas veces que es imposible controlar todos los detalles y también es imposible predecir lo que va a pasar: cuándo dormirá del tirón, cuándo querrá comer verdura, cuándo dejará de tener rabietas...cuándo dejará el pecho.

Lo cierto es que el destete es algo muy variable. Una veces, son los propios niños los que deciden destetarse solos y nos demuestran lo maduros e independientes que son.

Otras veces, los amigos de la mamá, su familia, su médico o la vecina del quinto son los que insisten constantemente para que destete a su hijo. Esta presión puede ser muy incómoda para la mamá si no desea dejar de amamantar a su hijo, pero puede ser también el pistoletazo de salida para tomar la decisión (si es que estaba rondando por su cabeza desde hacía tiempo).

Algunas otras veces es la mamá la que quiere dar el primer paso para destetar, por los motivos que sean (ya los veremos más adelante), pero la cuestión importante es que el deseo de destetar parte de ella **genuinamente**.

Todas las mamás (tanto las que no quieren destetar pero reciben presiones como las que si quieren destetar) merecen recibir la mejor información para facilitar este proceso de destete.

Parece que las Asesoras de Lactancia sólo tenemos que ayudar a instaurar la lactancia y/o resolver los problemas que puedan surgir para que la lactancia continúe.

Hay un cierto tabú al hablar del destete y parece que si no hablamos de él, no existe...pero ¡nada más lejos de la realidad!

La preocupación por el destete es una de las más angustiantes para las madres y yo creo que se debe precisamente a la falta de referentes y al vacío informativo que existe con este tema.

Algunas mamás sienten vergüenza al consultar sobre el destete de sus hijos, otras se sienten culpables y esto no debería ser así. Sienten que "quieren menos a sus hijos" por necesitar recuperar su cuerpo o por no querer sentirse tan "disponibles" todo el tiempo.

Estoy convencida de que todas las madres adoran a sus hijos incondicionalmente. Querer destetar a tu hijo no significa que lo quieras menos.

El hecho de que estés leyendo este libro, implica que no quieres hacer sufrir a tu hijo y confías en encontrar el camino para retirar el pecho sin que sufra, así que no hay razón para sentirse culpable.

A veces, la lactancia llega a su fin antes de lo que pensábamos o simplemente no podemos ni queremos continuar y eso no debería hacernos sentir mal.

La misión de las Asesoras es proporcionar la información necesaria y suficiente relacionada con la lactancia materna y el destete, en mi opinión, forma parte de la lactancia.

Un destete mal enfocado puede dejar a una mamá dolorida con una mastitis galopante y a su hijo dañado emocionalmente, por lo que es mejor estar informada antes de empezar el proceso.

Además la lactancia materna debe ser algo precioso, íntimo y un acto de amor desinteresado. Si alguna de las dos partes afectadas (mamá o bebé) prefiere no continuar, lo mejor es apoyar esta decisión antes que alargar una lactancia que ya no es satisfactoria.

Es por esto que me he decidido a escribir este libro. Quiero ayudar a las madres presionadas para decidir si deben destetar o no y también a las mamás que ya han tomado su decisión (como adultas que son) brindándoles toda la información de la que dispongo, mi experiencia personal y mi apoyo más sincero.

2 RECOMENDACIONES OFICIALES

La Organización Mundial de la Salud recomienda dar el pecho en exclusiva durante los seis primeros meses del bebé y a partir de entonces, seguir dando el pecho al menos hasta los dos años combinándolo con otros alimentos (alimentación complementaria).

Una vez llegados a los dos años, recomienda continuar con la lactancia **hasta que la mamá y el bebé lo deseen.**

Esto significa que no hay unas recomendaciones oficiales sobre la edad del destete, porque no puede haberlas. Cada bebé, cada niño y cada madre son diferentes. Cada lactancia es distinta y así debe ser porque no somos piezas de un coche fabricadas con las mismas medidas y del mismo color, somos personas con necesidades distintas y con tamaños y colores diferentes (¡Gracias al cielo!).

La Asociación Española de Pediatría tiene exactamente las mismas recomendaciones y según se indica en la página web de esta asociación, la Asociación Americana de Pediatría recomienda cosas similares.

Según indica en las recomendaciones de la Asociación Española de Pediatría

"Madre e hijo/a deben decidir hasta cuando mantener la lactancia. Dar el pecho más allá de los dos años de edad del lactante, aunque poco frecuente, sigue siendo beneficioso para ambos"

Aunque existe mucho desconocimiento sobre estas recomendaciones, lo cierto es que la lactancia siempre será beneficiosa para ambos (bebé y mamá) siempre que los dos se sientan a gusto con ella.

Y no sólo a nivel de nutrientes, que es evidente que la leche humana siempre será mejor que cualquier otra para los bebés y niños humanos, sino también a nivel emocional y afectivo.

Hay muchas creencias erróneas que opinan que los niños mayorcitos que son amamantados pueden tener excesiva dependencia de la madre, retraso en la socialización o incluso yo he escuchado a gente que opina que pueden tener un retraso en el aprendizaje.

Como he comentado, estas creencias son absolutamente FALSAS. De hecho, estos niños no sólo no van a tener estas carencias, sino que cada vez se tiene más claro que es justo al revés: los niños amamantados más tiempo y destetados de forma respetuosa son niños con mayor autoestima, más independientes, con un apego seguro, más valientes a la hora de enfrentarse a los retos, más sociables y con menos problemas.

El problema, en mi opinión, es que las creencias falsas se extienden muchísimo y lo peor de todo es que incluso algunos miembros de la comunidad médica, desconocen estas recomendaciones, por lo que es importante estar bien informado para poder tomar nuestras propias decisiones.

RESUMEN

Recomendaciones Oficiales

Las recomendaciones oficiales dicen que la lactancia será exclusiva durante los seis primeros meses, combinada con otros alimentos hasta los dos primeros años y hasta que el bebé o la mamá lo decidan a partir de entonces.

3 MOTIVOS DE DESTETE

El deseo de destetar puede tener muchos motivos y puede provenir de del niño o de la mamá.

Cuando es el niño quien decide destetarse, entonces hablamos de **destete natural** y lo veremos con más profundidad en el siguiente capítulo.

En el caso de que sea la madre la que quiere destetar a su hijo, los motivos también suelen ser muy diversos y suelen depender muchas veces de la edad del bebé o de la cantidad de veces que este bebé mama a lo largo del día o de la noche.

Lo que si es importante es que la mamá tenga claro el motivo por el que quiere destetar a su hijo, que sea un motivo interno, que tenga que ver con sus sentimientos y que pueda tomar la decisión libre de presiones, ni en un sentido ni en otro, es decir, que no se sienta presionada ni para continuar con la lactancia ni para abandonarla.

Esto es más difícil de lo que parece porque a veces el entorno presiona mucho a las mamás lactantes para que desteten, sobretodo si siguen amamantando a niños que ya caminan y hablan.

Cualquier aspecto de la crianza puede ser motivo de crítica, pero el caso de la lactancia materna y además la lactancia llamada prolongada, muchísimo más. Es por esto que aunque sea complicado, la madre debe ser capaz de reflexionar y tomar sus decisiones de forma autónoma y sin verse presionada por nadie.

Esta presión se debe a un profundo desconocimiento por el tema de la lactancia en nuestra sociedad. Desgraciadamente, los biberones estaban de moda cuando yo nací y en mi generación nos criaron fundamentalmente con leche de fórmula porque en aquel entonces, el gusto por lo nuevo, por lo "moderno" llevó a muchas personas a pensar que esta leche era mejor que la leche materna.

Además, el movimiento feminista (que hizo muchas cosas buenas), se equivocó profundamente en este aspecto porque consiguió convencer a las mujeres de que amamantar las esclavizaba y no las dejaba progresar en la vida, de forma que el biberón les daba "libertad" .

Esto significa, que esa señora que por la calle te dice que tu hijo es muy mayor para mamar, probablemente nunca ha amamantando a ningún niño y tampoco se ha leído las recomendaciones la OMS, por lo que su opinión no debería ser tenida en cuenta (por muy difícil que pueda parecernos).

Mucho pero es cuando la presión por destetar viene de un profesional de la medicina mal informado, que o no conoce las recomendaciones de la OMS o las obvia, porque prefiere creer los falsos mitos de lactancia que ha escuchado por ahí.

Lo cierto es que cualquier mamá que de el pecho (sobretodo a bebés grandecitos) debe estar preparada porque esta presión es constante y viene desde cualquier sector de la población.

Del mismo modo, una madre que quiere destetar a su hijo después de haberse informado y de tomar su propia decisión como adulta que es, debe ser respetada y apoyada.

¿Qué motivos aducen las mamás que quieren destetar?

Incorporación al trabajo tras la baja maternal

En España, la baja por maternidad tiene una duración de 16 semanas (un poco menos de 4 meses) por lo que muchas mamás que no pueden alargar este periodo deben volver al trabajo cuando su bebé aún debería ser amamantado en exclusiva.

Dependiendo del tipo de trabajo, la madre podrá extraerse la leche en el horario laboral para poder dársela a su bebé en las horas en las que no está presente, pero desgraciadamente la vuelta al trabajo suele suponer un destete parcial o total.

A veces no tienen permiso de lactancia, o no tienen una sala habilitada para extraer la leche (de hecho, conozco muchísimas madres que se sacan la leche en el baño de la oficina), deben utilizar su pausa de café para extraer la leche, o peor aún no tienen un horario fijo de pausa de café por lo que a veces tienen lo pechos a reventar pero no pueden ir a sacarse la leche.

Otras veces viajan demasiado, o trabajan a turnos o con horarios interminables...

La verdad es que compatibilizar la vuelta al trabajo tras la baja maternal con la lactancia puede ser complicada. ¡Ojo! No quiero decir que no se pueda hacer, pero sí que a veces parece una carrera de obstáculos.

Un nuevo embarazo

Hay una creencia errónea que dice que las mamás embarazadas no deberían amamantar para evitar riesgos de abortos o de otras complicaciones en el embarazo. Lo preocupante es que esta forma de pensar está bastante extendida, incluso entre la comunidad médica.

En realidad esta afirmación no tiene ninguna base científica, de hecho hay estudios que demuestran que no hay diferencia en el peso al nacer de bebés cuyas madres dieron el pecho durante su embarazo, comparados con bebés a los que sus madres no dieron el pecho en el embarazo (Merchant 1990).

Asimismo, tampoco existe riesgo de aborto espontáneo debido a las contracciones uterinas que se pueden producir mientras el niño mama, ya que se comprobó que la duración media de los embarazos era la misma en mujeres que daban el pecho y en mujeres que no amamantaban en su embarazo.

Incluso se ha comprobado que el nuevo bebé pierde menos peso tras el nacimiento y recupera el peso antes que el resto si su hermano mayor toma pecho al mismo tiempo que él. Se cree que la succión más fuerte del hermano mayor, hace que la leche madura llegue antes y que además se produzca más leche, por lo que el nuevo bebé se beneficia de ello.

Sin embargo, mucha gente sigue opinando que si te quedas embarazada debes destetar a tu hijo si o si.

Si es cierto que algunas madres deciden destetar a sus hijos si se quedan de nuevo embarazadas porque tienen demasiada sensibilidad en los pechos y eso les produce mucha incomodidad o incluso dolor en los pezones.

Otras madres sufren lo que se llama la Agitación del Amamantamiento al quedarse embarazadas y dar el pecho a sus hijos (la agitación se verá un poco más adelante).

También muchas veces ocurre que cuando la mamá se queda embarazada, ocurre un destete por parte del niño porque la leche cambia de sabor y se vuelve más salada. Además, debido a las hormonas del embarazo, la producción de leche disminuye durante el embarazo y eso no gusta a algunos niños que también deciden destetarse.

Por tanto, cuando una mujer está embarazada y quiere destetar, a veces es tan fácil como esperar un poco y dejar al niño destetarse solo.

Introducción de la Alimentación Complementaria

Muchas personas creen que cuando los bebés empiezan con la alimentación complementaria, ya no es necesario el pecho. Creen erróneamente que la alimentación complementaria es más importante que la leche materna para la alimentación del niño y no se dan cuenta que la leche (sea materna o no) es el alimento principal del niño al menos durante su primer año de vida.

No olvidemos que la alimentación complementaria se llama complementaria porque complementa a la leche.

La leche materna va cambiando su composición en función de la edad del bebé, por lo que no es igual la leche que pueda tomar un bebé de 4 meses que uno de 10. Siempre se adapta a las necesidades del niño por lo que siempre será nutritiva para él y le ayudará a conseguir un óptimo desarrollo tanto físico, como intelectual, como inmunitario.

Si le quitamos el pecho por este motivo, tendremos que darle otra leche, que nunca podrá ser tan óptima como la nuestra.

La presión del entorno

En nuestra sociedad no estamos muy acostumbrados a ver a las mamás dando el pecho a sus hijos y mucho menos si ya son tan mayorcitos como para tomar teta de pie.

Es mucho más habitual ver a un bebé tomando un biberón en la calle o en un parque que tomando pecho.

¿Cuántas madres han sido recriminadas por dar el pecho en restaurantes, bibliotecas, piscinas o Centros Comerciales? Muchísimas...cada cierto tiempo salen casos nuevos de expulsiones de madres lactantes en el periódico.

Muchas personas creen que los niños que ya caminan no deberían ser amamantados e incluso les humillan diciendo que tomar teta es de bebés.

De hecho, hay muchos niños de 3 ó 4 años que toman pecho "en secreto" y no se lo cuentan a nadie. Yo misma acordé con mi hija pequeña, que tomó pecho casi cuatro años, que era mejor para nosotras que yo le diera de mamar en casa tranquilas sin tener que escuchar comentarios desagradables o sentirnos observadas.

La presión del entorno puede llegar a ser tan fuerte que es el motivo principal que dan las madres que quieren destetar a niños de dos años o más,

De esta manera, algunas mamás no soportan esta presión, se cansan de luchar contra el mundo o deciden que no quieren soportarla y toman la decisión de destetar a sus hijos.

No sentirse apoyada por el papá

Cuando el papá apoya a la mamá en su lactancia todo es muy sencillo porque actúa como parapeto de muchas críticas y opiniones ajenas.

Y cuando el papá apoya a la madre y el resto de la familia lo sabe, tiene más cuidado de criticarla abiertamente porque sabe que papá y mamá "son un equipo".

Sin embargo, cuando el papá escucha a las personas que critican la lactancia y les da crédito o bien se siente desplazado por el bebé, continuar con esa lactancia es muy, muy complicado, porque la mamá tendrá "el enemigo en casa" como se dice coloquialmente y probablemente se cansará de luchar.

Lo peor es cuando el padre directamente critica la lactancia o culpa a la lactancia materna de cosas: si el niño llora es por la teta, si tiene angustia de separación es por el pecho, si no duerme del tirón es porque toma teta, etc.

Esta actitud puede ser muy destructiva para la madre, para la lactancia y para la pareja, porque aunque la madre decida destetar, puede guardar rencor y sentirse dolida muchísimo tiempo después.

El cansancio, la necesidad de recuperar su propio cuerpo

A veces la mamá necesita sentir que su cuerpo es suyo y está cansada de amamantar a su hijo.

Necesita recuperar su cuerpo que siente hipotecado demasiado tiempo: primero con el embarazo y luego con la lactancia. Quizás puede parecer presumido pero a veces la mamá necesita poder utilizar sujetadores normales (que no sean de lactancia) o ropa ajustada o que no se abra por delante...

Otras veces necesita necesita desvincularse un poco del niño para terminar su puerperio o necesita dejar el pecho para poder empezar a tener otro tipo de relación con su hijo. Igual de cercana y cariñosa, pero diferente.

Quizás la madre note que empiezan a interesarle otras cosas, otros proyectos, que tiene otras necesidades. Y piensa que dejando el pecho

La agitación del amamantamiento

La agitación del amamantamiento es una especie de rechazo visceral a dar el pecho al niño, una necesidad extrema de apartar al niño del pecho, lo que trae consigo un sentimiento de culpa enorme.

Es una sensación extraña y difícil de explicar porque de repente la mamá empieza a notar una sensación desagradable cuando el niño mama, como un calambre incómodo que recorre el cuerpo.

Suele darse en:

- lactancias de niños mayorcitos (normalmente en mayores del año)
- cuando la mamá se queda embarazada de nuevo y sigue dando el pecho al niño
- cuando la mamá da el pecho en tándem (es decir, que amamanta al hermano mayor y al bebé al mismo tiempo)
- es peor en las tomas de la noche o cuando la mamá está más cansada
- a veces empeora en función del ciclo menstrual de la mamá 8en la ovulación o durante el periodo)

Hay madres que sufren agitación del amamantamiento y deciden buscar la manera de mejorar la situación sin recurrir al destete pero muchas otras deciden destetar porque el sentimiento es tan desagradable que no se sienten capaces de seguir adelante.

RESUMEN

Motivos para el destete

Sólo la mamá y el bebé pueden decidir cuándo destetar ya que son los únicos implicados.

Si la mamá desea destetar debe contar con la mejor información para que el proceso sea lo más llevadero posible.

Varios motivos

1. Incorporación al trabajo de la mamá tras la baja maternal.
2. Un nuevo embarazo.
3. Introducción a la alimentación complementaria.
4. La presión del entorno.
5. No sentirse apoyada por el papá.
6. El cansancio, la necesidad de recuperar su propio cuerpo.
7. La agitación del amamantamiento.

4 DESTETE NATURAL

Cuando el niño es el que decide no tomar pecho, cuando el destete está dirigido por el niño y él toma la decisión de dejar el pecho, es cuando hablamos de destete natural. Es la forma de destete más respetuosa con el niño, puesto que le deja decidir hasta cuándo quiere o necesita ser amamantado.

Todos los niños se destetan algún día, de eso no debemos tener dudas, pero cada uno tiene unas necesidades únicas y eso significa que los tiempos pueden ser muy variables.

La Edad Natural del destete, según la antropóloga Kathy Dettwyler, va desde los dos años y medio hasta los 7 años. Esta investigadora, ha estudiado el tema durante años en varios experimentos científicos y según su experiencia este es el rango más natural para el destete humano.

Este rango es tan amplio porque hay varios índices que se pueden tener en cuenta para calcular la edad del destete, si nos fijamos en las lactancias de otras especies de mamíferos.

Comenta Kathy Dettwyler que la mayoría de los primates destetan a sus hijos cuando empiezan el proceso de dentición definitiva y les salen los primeros premolares permanentes. En el caso de la especie humana, los molares permanentes salen en torno a los 5 años y medio y los 6 y medio.

Sin embargo, la gestación de nueve meses (que es la humana) predice una lactancia de cuatro años y medio de duración y por otra parte, la madurez reproductiva entre los 12 y los 20 años, predice una lactancia de entre 3 y 6 años de duración.

En cualquier caso, hagamos lo que hagamos, nuestros hijos se destetarán algún día.

Comenta el pediatra Carlos González, en su libro "Un regalo para toda la vida" que aunque una madre le dijese que quería ganar el Premio Guiness e intentara dar el pecho durante quince años, no lo conseguiría porque su hijo se destetaría mucho antes.

No es posible "obligar" a un niño a tomar el pecho por lo que por mucho que una madre no quiera destetar a su hijo, cuando éste decide dejar el pecho, poco hay que hacer al respecto (excepto respetar la decisión).

Algunas madres sufren una tristeza profunda tras el destete y sobretodo tras el destete natural. Sienten que sus hijos han crecido demasiado deprisa o piensan que es una pena que ya no sigan beneficiándose de la protección inmunológica que da la leche materna, pero como he comentado, cuando un niño quiere dejar el pecho, la madre poco puede hacer para que no lo deje.

En realidad el destete natural es el ideal para el niño y para la madre (si así lo desea) porque:

- la necesidad de succión del niño va disminuyendo poco a poco por lo que cada vez tomará menos pecho hasta que termine dejándolo.
- la producción de leche de la madre irá disminuyendo paulatinamente conforme el niño mame menos (evitando mastitis y otros problemas).
- es la forma más respetuosa con las necesidades del niño porque es la que dicta la propia naturaleza.
- no es necesaria la utilización de chupetes para calmar la necesidad de succión del bebé.
- el nivel hormonal que se reajusta al dejar el pecho, se hace tan gradualmente que la madre casi ni lo nota.
- la tristeza de la madre que se produce como consecuencia del reajuste del nivel hormonal y por la aceptación de que el niño se hace mayor, es también menor y más llevadera (aunque la

tristeza por ver que el bebé ha crecido puede ser más complicada de gestionar).

RESUMEN

Destete Natural

Si el bebé decide destetar es cuando hablamos de destete natural que suele ocurrir entre los dos años y medio y los siete.

Todos los bebés se destetan algún día.

Si dejamos al niño que decida su ritmo de lactancia poco a poco disminuirá las tomas hasta destetarse del todo.

5 GENERALIDADES A TENER EN CUENTA

Cuando una mamá decide destetar a su hijo por el motivo que sea hay algunas generalidades que seguramente van a ocurrir y que se deben tener en cuenta:

La decisión sólo pertenece a la mamá o al bebé

La decisión de destete siempre debe partir de la mamá o del bebé, de nadie más.

Ya hemos visto anteriormente, que las madres lactantes sufren mucha presión en su entorno y se sienten "obligadas" en muchas ocasiones a destetar antes de tiempo.

Otras veces ocurre al contrario y hay personas que consideran que las mamás que quieren destetar no deberían hacerlo y les presionan para continuar por el bien del niño (o bien para engorden más o bien para que tengan más protección inmunitaria...)

Hay gustos para todo y hay opiniones de todos los colores. Desgraciadamente, parece que todo el mundo tiene algo que decir con respecto a la lactancia de las madres, pero lo cierto es que no.

Yo soy partidaria de dar voz y opinión a los dos que están implicados en la lactancia y a nadie más.

La mamá que quiere destetar debe pensarlo bien y darse cuenta si el deseo de destetar parte de su interior o si ocurre como consecuencia de las presiones externas y debe tomar sus propias decisiones.

El destete debe ser gradual

Tanto si queremos destetar parcialmente como si queremos destetar completamente, tenemos que intentar hacerlo de una forma paulatina.

Esto es muy importante para evitar problemas con nuestra producción de leche. Un destete progresivo hará que nuestra producción de leche vaya disminuyendo paulatinamente sin darnos problemas de obstrucciones ni mastitis.

La producción de leche materna está regulada con la demanda del bebé/niño por lo que mientras el niño siga mamando, tendremos leche suficiente para atender sus necesidades. Si el niño deja de mamar de golpe, nuestro pecho puede seguir produciendo la leche que se necesitaba "antes" y al no darle salida, puede provocar dolor, obstrucciones y mastitis.

Además, tenemos que pensar que nuestros hijos no pueden acostumbrarse a dejar el pecho de un día para otro, así que la mejor forma de destetar a nuestros hijo siempre será de forma lenta y gradual.

Muchos bebés se quedan traumatizados por destetes bruscos e inesperados y muchas mamás sufren problemas con la producción de leche por el mismo motivo.

Así que debemos tener clara esta premisa: **Cuanto menos prisa tengamos en el proceso de destete más sencillo será conseguirlo.**

No Ofrecer, No Negar

No Ofrecer, No Negar es la forma más respetuosa de dejar el pecho, aunque también es la más larga (en el tiempo).

Cuando los bebés son recién nacidos toman el pecho constantemente y conforme van pasando los meses van espaciando las tomas. Después empiezan a comer otros alimentos y se interesan por otros sabores y otras texturas.

Conforme van creciendo, lo normal es que vayan pidiendo cada vez menos pecho y cada vez más comida "de mayores" de forma que llega un momento en el que sólo toman pecho en situaciones especiales: antes de dormir la siesta, si se caen, etc.

Con la técnica de "No Ofrecer, No Negar" se puede conseguir que el bebé vaya adaptando su alimentación y su vida para ir dejando el pecho por sí mismo.

La técnica es sencilla: no le ofrecemos el pecho pero si el niño lo pide, no se lo negamos.

No ofrecer el pecho puede parecer fácil pero no lo es tanto porque a veces nos sirve para calmar al niño si se ha caído, o después de una rabieta, o nos sirve para que se duerma en seguida...sin embargo, ya no vamos a contar con este recurso para calmar al niño.

Si hemos decidido no ofrecer el pecho, debemos mantener nuestra decisión y no ofrecerlo. De esta forma, esperaremos a que el bebé lo pida.

Hay madres que han conseguido destetar a sus hijos completamente con este simple sistema de "No Ofrecer. No Negar", aunque generalmente suelen pasar meses hasta que se consigue.

El pecho no es sólo alimento

La lactancia materna fortalece el vínculo con nuestros hijos y casi sin esfuerzo. En nuestro regazo nuestro hijo se siente querido, protegido, amado, calmado, etc.

Además, el pecho se usa como instrumento de consuelo cuando el bebé llora o está nervioso porque la succión calma al bebé, la leche calentita llena su estómago y los brazos de mamá le hacen sentir muy a gusto.
Es decir, cuando el niño toma pecho no sólo está tomando la leche materna, está disfrutando del calorcito de mamá, de su amor y su cariño.

Si queremos enfrentarnos a un proceso de destete tenemos que saber que tendremos que ofrecer mimos y cariños extra de una forma diferente (ya que el pecho se lo estamos quitando).

Es normal que durante el destete los niños requieran más mimos y nosotras debemos dárselos para que no sientan que han perdido nuestro amor.

Si estamos destetando ofreceremos más besos, más caricias, más masajes, más mimos, más juegos juntos, más canciones, más tiempo compartido...y así nuestro hijo no sentirá que está perdiendo nuestro cariño, que no le falte la parte afectiva de la lactancia.

Un cambio cada vez

Hay que intentar, en la medida de lo posible, que el proceso de destete no coincida con otros cambios importantes en nuestra vida y en la vida de nuestro hijo.

El nacimiento de un nuevo hermanito, una mudanza, un cambio de colegio (o el inicio de la escolarización), una hospitalización, un viaje, etc. son cosas que pueden desestabilizar al niño y provocarle bastante estrés, por lo que no es conveniente iniciar un proceso de destete en ese momento.

El destete ya es de por si un cambio suficientemente grande como para que nuestros hijo lo afronte sin otros cambios importantes.

A veces es inevitable que coincidan varios cambios al mismo tiempo y en este caso, tenemos que saber que eso puede dificultar un poco el proceso por lo que vamos a necesitar una dosis extra de paciencia y empatía.

Sigamos nuestra intuición

Nosotras somos quienes conocemos mejor a nuestros hijos, nadie puede saber mejor que nosotras mismas si algo funciona bien o mal.

Si vemos cambios muy importantes en la actitud de nuestro hijo, que se vuelve agresivo, que se vuelve mucho más demandante, que comienza a ponerse enfermo, etc. es probable que sea demasiado pronto para él y debamos retrasar el destete.

Por otra parte, muchas veces necesitamos flexibilidad para ser capaces de establecer nuestro propio proceso de destete conociendo las características propias de nuestro hijo porque ya sabemos que muchas veces, lo que funciona con unos no funciona con otros.

Otras veces tenemos que probar diferentes técnicas para encontrar la que mejor nos funciona porque el éxito del proceso de destete depende de muchos factores distintos...

Por eso siempre recomiendo seguir nuestro instinto porque seguro que nuestra intuición no se equivoca.

Tristeza de la mamá

Cuando la mamá desteta se producen unos cambios hormonales muy importantes en su cuerpo que pueden provocar un sentimiento de tristeza.

Por otra parte, aunque la decisión haya partido de la mamá, a veces puede tener emociones ambivalentes, sentimientos de ansiedad, sentimientos de culpabilidad, alegría por el destete y sentimientos de culpabilidad por sentir alegría...

Cuando es el niño el que inicia el destete, aunque el descenso hormonal es más progresivo, los sentimientos de tristeza pueden ser mayores por sentir que el niño ha crecido demasiado deprisa, por ver que se ha terminado una etapa, por pensar que ya nunca va a recuperar a su bebé, etc.

Tenemos que saber que puede ser un momento delicado para la mamá y el apoyo del papá o de su entorno puede ser crucial para no sentirse mal.

No hay que banalizar sus sentimientos ni hacerlas sentir culpables de nada, la validación de sus emociones y el apoyo incondicional serán las mejores medicinas para esta tristeza temporal.

RESUMEN

Generalidades a Tener en Cuenta

La decisión de destetar sólo pertenece a la mamá y al bebé.

El destete debe ser gradual para evitar problemas en el pecho.

No ofrecer no negar: es la forma más larga pero la más sencilla.

El pecho no es sólo alimento: si destetamos a nuestro hijo debemos ofrecerle más mimos, abrazos, caricias...

Un cambio cada vez: hay que intentar que el destete no coincida con otros cambios importantes en la vida del niño.

Sigamos nuestra intuición: la mamá es quien conoce mejor a su hijo y es la que mejor va a saber si algo no funciona bien.

Tristeza de la mamá: la mamá también puede necesitar más mimos y apoyo por sentirse triste con el destete.

Sheila

6 DESTETE PARCIAL

Se denomina destete parcial cuando se eliminan algunas de las tomas de pecho (ya sea una o muchas),tanto por el día o por la noche, pero no se elimina el pecho completamente. En el caso de eliminar completamente el pecho, hablaríamos de destete total.

El destete nocturno lo veremos en profundidad en el siguiente capítulo, así que de momento vamos a hablar del destete parcial diurno.

El destete parcial diurno es el más fácil de conseguir por lo que muchas veces se recomienda empezar por aquí y poco a poco ir avanzando hasta destetar de forma completa.

A veces,el agobio de una madre que quiere destetar se calma sólo eliminando algunas de las tomas durante el día. Otras veces, la agitación del amamantamiento disminuye considerablemente sólo al eliminar algunas tomas concretas (las que más molestan a la madre), con lo que el destete parcial es muy recomendable para ir empezando a destetar.

Por otra parte, el destete parcial suele ser el elegido por las madres a la hora de incorporarse al trabajo después del permiso de maternidad porque pueden seguir manteniendo algunas tomas de leche por las tardes o por las noches y así "recuperar el tiempo perdido" con la separación.

Otras veces sólo espaciando las tomas se consigue que una lactancia que estaba suponiendo un desgaste insoportable, se convierta en una lactancia satisfactoria y feliz para las dos partes implicadas: madre y niño.

Destete parcial en bebés menores de un año

La producción de leche materna es altísima durante los primeros meses de vida del bebé, sobretodo cuando la lactancia materna se da en exclusiva y esto es así porque el bebé va a crecer durante sus primeros meses de vida de forma exponencial.

Los bebés recién nacidos miden de media unos 50 cm y en su primer año de vida ¡crecerán unos 25 cm! Es decir que con un año, un bebé puede medir 75 cm.

Esta tasa de crecimiento tan alta no volverá a repetirse en toda la vida del niño, tan sólo tendrá un crecimiento elevado cercano al de su primer año de vida al llegar a la adolescencia.

Además, como la producción de leche materna viene regulada por la demanda del niño y la demanda es alta, la cantidad de leche que produzcan los pechos será elevada.

Si una madre produce mucha leche y elimina la lactancia de forma brusca puede tener muchos problemas de dolor, inflamación de los pechos, obstrucciones o mastitis. Es por esto que cuanto más pequeño sea el bebé, más importante será la recomendación de llevar a cabo el proceso de destete de forma progresiva.

Este tipo de destete parcial es muy habitual en madres que deben empezar a trabajar después de la baja maternal y que no tienen la posibilidad de extraer su leche en su lugar de trabajo.

Son madres que saben que van a estar separadas de sus hijos durante varias horas y quieren tener prevista la alimentación del bebé en este tiempo de separación.

Una forma de hacerlo es comenzar con la eliminación de una de las tomas, alternando esta toma eliminada con tomas de pecho para permitir que la producción de leche se regule. La toma que se elimina se puede sustituir por leche de la madre como primera opción o por leche de fórmula.

Algunos pediatras adelantan la introducción de alimentación complementaria a los 4 ó 5 meses para que estos bebés puedan sustituir las tomas de leche materna que han eliminado por papillas o purés. Si no hay ninguna contraindicación, el bebé está sano y la madre prefiere no dar leche de fórmula, siempre puede hablar con su pediatra para comentarle esta posibilidad.

Una vez eliminada se ha eliminado la primera toma hay esperar unos tres o cuatro días antes de eliminar otra toma para que la producción de leche se regule.

Cuando hayan pasado aproximadamente cuatro días, se puede eliminar otra toma, teniendo cuidado de que no sea la toma siguiente a la que hemos eliminado con anterioridad.

Es decir, hay que intentar eliminar tomas alternas para ir vaciando el pecho.

Y así sucesivamente, se irán eliminando tomas hasta que se consigan eliminar las que se necesiten por ausencia de la madre.

Os voy a poner un ejemplo

Imaginemos que tenemos un bebé de 5 meses que toma pecho cada tres horas y la mamá se va a incorporar al trabajo de 9 a 17 horas sin posibilidad de extraerse leche en el trabajo.

El horario de tomas diurnas del bebé sería el siguiente:

9h	12h	15h	18h	21h

Si la madre pudiera extraerse leche del trabajo no sería necesario el destete parcial porque podría mantener la producción durante las horas en las que está ausente por la extracción de leche, pero en nuestro caso la mamá no puede extraer su leche por lo que necesita destetar parcialmente.

Se podría empezar eliminando la toma de las 9 horas, se esperan tres o cuatro días y se elimina la de las 15 horas, manteniendo la toma de las 12 horas para permitir a la mamá se vacíe los pechos con la toma.

Cuando la producción de leche se haya regulado, se puede eliminar la de las 12 horas.

El cuadro de las tomas diurnas iría quedando así:

Primer día de destete parcial (marcado en gris las tomas eliminadas):

9h	12h	15h	18h	21h

Cuatro días después:

9h	12h	15h	18h	21h

Cuatro días después:

9h	12h	15h	18h	21h

Para el destete parcial en bebés pequeñitos hay que tener en cuenta varios factores: el horario de la mamá, el horario de tomas del bebé (porque hay bebés que piden cada cuatro horas como un reloj y otros que son irregulares), las características particulares del bebé y de la familia, si hay otros hermanos por ejemplo....

Cada mamá y cada familia conoce a su bebé y tiene su propia **realidad**, pero la recomendación general es esa: intentar que las tomas no se quiten todas de golpe, que sean alternas e ir haciéndolo cada tres o cuatro días para que se ajuste la producción de leche.

Cuando el bebé es mayor de seis meses y ya empieza a comer otros alimentos, las tomas que queramos eliminar se pueden sustituir por purés o por comida en trozos si queremos practicar la Alimentación Complementaria Autorregulada o libre de papillas.

Lo ideal sería que la mamá pudiera extraer su leche en el trabajo y que el bebé pudiera tomarla en su ausencia. De esta forma el bebé siempre tomará leche materna y no será necesario ni dar leche de fórmula ni adelantar la Alimentación Complementaria.

La leche extraída de la madre se puede ofrecer al bebé en biberón, cucharilla, paladai o como la madre prefiera.

Durante el proceso de destete parcial lo ideal es que **no** sea la madre la que ofrezca la leche al bebé como sustituto del pecho (ni en biberón, ni de ninguna otra forma).

Es muy probable que un niño que huele el pecho de su madre, rechace el biberón si se lo da ella. Sin embargo, si ese biberón se lo da otra persona que no huele a leche materna, es más probable que el bebé lo acepte.

Así que debemos tener en cuenta que es mucho más fácil eliminar esas tomas si es otra persona la que le da el biberón al bebé: el papá, la abuela, una amiga, una educadora infantil, una cuidadora...

Otra cosa importante a tener en cuenta en el destete parcial de bebés pequeños es que tienen una necesidad de succión muy alta por lo que puede ser útil el ofrecer chupetes para calmar al bebé.

Incluso bebés que no han querido nunca los chupetes, los aceptan después de un destete parcial porque necesitan el consuelo que les proporciona la succión.

Tenemos que entender que la succión es muy relajante para los bebés (y los niños pequeños). De hecho, la etapa oral no termina hasta aproximadamente los tres años, así que el chupete puede ser nuestro aliado para ayudarnos en este proceso.

Destete parcial en bebés mayores de un año

El destete parcial en bebés mayores de un año es bastante sencillo de conseguir. Después del año tenemos que pensar que nuestros hijos ya son más mayorcitos, nuestra producción de leche será mucho menor, etc.

La facilidad del destete parcial en bebés mayores de un año tiene varios motivos:

- Generalmente ellos solitos van espaciando las tomas progresivamente de forma que las que se suelen mantener más tiempo son la toma de la noche para quedarse dormido, las tomas nocturnas para relajarse y volverse a dormir y la de la siesta. Hay bebés que siguen mamando mucho casi como si fueran recién nacidos, pero la mayoría suele ir separando sus tomas.

- Porque ya comen otros alimentos y les interesa otro tipo de comida. Si ponemos al bebé a comer con nosotros veremos como tendrá interés en comer la misma comida que nosotros comamos y tendrá ganas de probar otros sabores y texturas.

- Porque tienen mucho interés en descubrir el mundo que les rodea y aprender, así que se pueden "distraer" con facilidad.

- Porque ya pueden desplazarse solitos gateando o andando y les gusta explorar por lo que "se olvidan" un poco de mamar.

Así que si estás pensando en destetar parcialmente y eliminar alguna toma de tu bebé y tiene más de un año es probable que no necesites hacer nada porque él mismo irá pidiendo menos pecho conforme se vaya haciendo mayor y vaya comiendo otras cosas que le gusten.

Si tu bebé es de los que mama mucho y quieres eliminar alguna toma puedes probar lo siguiente:

- **Sustituir** alguna toma diurna por otros alimentos. Ahora que el bebé ya es más mayor y come purés, papillas o comida en trozos, podemos sustituir más fácilmente las tomas que coincidan con sus comidas. Si sentamos al bebé a comer con la familia, seguramente estará encantado de compartir la mesa familiar y no pedirá tanto el pecho. Además, se sentirá mayor al sentarse con toda la familia, lo que propiciará que quiera comer la misma comida que los demás y que tendrá más interés en aprender a masticar antes, estará más dispuesto a probar nuevos alimentos y llevará una dieta más variada y equilibrada.

- **Ofrecer agua**, porque algunos bebés sólo piden el pecho porque tienen sed. La composición de la leche materna cambia a lo largo de una toma, de forma que la leche que sale al principio tiene mucha agua. El bebé sabe esto de forma instintiva por lo que si tiene sed, pedirá el pecho, aunque sólo sea para dar un "chupito".

- **Posponer.** Conforme se va haciendo mayor, se puede negociar con el bebé y convencerlo para que espere un rato antes de tomar pecho. Su capacidad de esperar será cada vez mayor y su capacidad de entender las situaciones también, por lo que esta posibilidad se irá haciendo más sencilla con el paso de los meses. Por ejemplo "cuando lleguemos a casa" o "cuando termines la merienda", etc.

- **Acortar las tomas**. A veces sólo con el hecho de acortar las tomas y que no sean eternas, las madres cansadas del pecho mejoran increíblemente su situación. Además, en esta situación, todos están contentos porque el niño sigue teniendo "su teta" y la madre no siente que se pasa la tarde con el pecho al aire. Se puede hablar con el niño para que lo entienda y explicar que por ejemplo sólo le dejamos el pecho "un poquito" o que lo suelte "cuando contemos hasta 10"...

- **Negociar.** Cuanto más mayor sea el bebé más fácil será negociar con él la sustitución de la toma de pecho por otra cosa: alimentos, agua, abrazo, besos, cosquillas, un premio, etc. Cada madre conoce a su hijo y sabe lo más conveniente para negociar con él.

- **Distraer.** Podemos intentar distraer al bebé con otra cosa que sea muy interesante para él. Después del año, los bebés tienen muchísimo interés por descubrir el mundo, hay muchas cosas atrayentes para ellos, así que podemos ofrecer una alternativa divertida que distraiga al niño y no le haga acordarse tanto del pecho de su madre. Por ejemplo, si queremos eliminar una toma por la tarde y sabemos que nuestro hijo se divierte mucho en el parque, podemos salir de paseo varios días seguidos para que el niño "se olvide" de pedir pecho porque estará jugando tan distraído.

- **Ofrecer chupetes** porque aunque sean más mayorcitos, siguen teniendo mucha necesidad de succión. Recordemos que la etapa oral del bebé no termina hasta pasados los tres años por lo que sigue necesitando el efecto calmante y placentero de la succión.

- **No olvidar** las recomendaciones generales: seguir nuestra intuición, tener más paciencia durante este tiempo, ofrecer más caricias y abrazos, pasar más tiempo con el niño, tener más empatía y comprensión, no juntar varios cambios importantes en la vida del niño con el destete parcial...

Si la mamá está tranquila y segura. Si le explica al bebé lo que va a pasar con palabras sencillas y cumple sus promesas, un destete parcial en bebés grandecitos puede ser algo sencillo.

RESUMEN

Destete Parcial

Es muy importante hacerlo progresivamente especialmente en bebés menores de un año.

Se pueden sustituir las tomas por leche o por otros alimentos de forma alterna (para ir vaciando el pecho).

Si el bebé es mayor de un año el destete parcial será más sencillo.

Las consignas generales para un destete parcial en bebés mayorcitos: sustituir por otros alimentos, ofrecer agua, posponer la toma, acortar la toma, negociar, distraer, ofrecer chupetes y no olvidar las recomendaciones generales de destete.

7 DESTETE NOCTURNO

Se considera destete nocturno al destete parcial durante la noche.

Normalmente cuando hablamos de destete nocturno, no me refiero a la toma de pecho que hacen muchos bebés después del baño para quedarse dormidos, estoy hablando de eliminar el pecho cuando el bebé se despierta por la noche (en ocasiones muchas veces) y lo pide para volver a dormirse.

Antes de explicar las técnicas que se pueden utilizar para hacer un destete nocturno me gustaría aclarar algunas cosas sobre el sueño de los bebés.

No sólo se despiertan por hambre

Los bebés están aprendiendo a regular sus ciclos de sueño y todavía no duermen igual que los adultos. De hecho, es posible que les cueste entre 4 y seis años tener los mismos ciclos de sueño que los adultos.

Los despertares nocturnos de los bebés son completamente normales, de hecho todos los seres humanos tenemos microdespertares durante la noche, pero los adultos podemos volver a dormirnos casi sin darnos cuenta.

Estos microdespertares son los que nos hacen cambiar de postura, taparnos o destaparnos, etc.

En el caso de los bebés y niños pequeños, cuando tienen estos microdespertares, muchas veces no son capaces de volver a dormirse en seguida. Es algo normal, simplemente están aprendiendo a regular sus ciclos de sueño y hasta que no lo consigan, seguirán despertándose.

Por otra parte, los cambios a los que se enfrenta un bebé y un niño pequeño pueden hacer que su sueño sea más intranquilo: la salida de los dientes, la introducción de la alimentación complementaria, el habla, la deambulación, la retirada de pañal, etc. Es decir, cada cambio importante en la vida del niño (y cada hito conseguido es un cambio importante) va a suponer más despertares y más inquietud a la hora de dormir.

Asimismo, los bebés y niños pequeños nos demandan por la noche porque su instinto se lo pide. Ellos no entienden que están seguros en una casa donde no hay depredadores. Ellos sienten que es de noche, que son pequeños y vulnerables y se sienten en peligro.

De hecho, según muchos estudios que se han realizado sobre el llanto infantil, se ha visto que cuando los bebés lloran angustiados por la noche, segregan adrenalina que es una hormona que los humanos necesitamos cuando estamos en peligro de muerte y nos hace huir o luchar. Por otra parte, también se segrega el cortisol que se llama "la hormona del estrés" y que si no se calma al bebé, puede ser tóxica para el cerebro.

Es un proceso lento

Conforme los niños se van haciendo mayores, sus ciclos de sueño van madurando de forma progresiva, por lo que el destete nocturno también debe ser progresivo.

Hay casos en los que el destete nocturno se consigue en seguida, pero no es lo más habitual. Lo normal es que sea un proceso lento, así que lo mejor que podemos hacer es estar preparados para ello.

Si queremos destetar por la noche debemos saber que no es algo que vayamos a conseguir de un día para otro.

A veces no dejan de despertarse aunque estén destetados

Hay bebés muy sensibles que se despiertan muchas veces por la noche y lo que en realidad necesitan es la presencia de mamá y sus mimos.

Se despiertan llorando porque tienen miedo de sentirse solos y abandonados por lo que reclaman a mamá o a su persona de apego. Necesitan sentirse seguros porque como hemos visto, ellos no son capaces de entender que no están en peligro, que están en su habitación, en su preciosa y carísima cuna. Ellos sólo entienden que son pequeños mamíferos vulnerables y tienen miedo de estar solos.

Los bebés de alta demanda, los que son más sensibles o los que son más inquietos por la noche puede ser que en realidad pidan el pecho para calmarse, no para comer.

Hay algunos casos en los que sí dejan de despertarse por la noche para pedir pecho, o al menos ya no se despiertan tanto. Pero en otros casos, el destete no sirve para disminuir los despertares.

Todo empeora antes de mejorar

Esta es una realidad bastante común en cualquier destete que queramos iniciar pero toma especial importancia en el caso del destete nocturno.

Es posible que las primeras noches sean complicadas, pero debemos saber que es normal que todo empeore antes de empezar a mejorar.

En unos días veremos como vamos consiguiendo nuestros objetivos.

Si vemos que pasan muchos, muchos días y no está mejorando en absoluto o bien que tenemos muchos retrocesos en otras áreas de la vida del niño, es posible que debamos dejarlo para más adelante. No pasa nada por intentarlo y desistir porque es mucho mejor intentarlo en el momento justo que mantenerse firme en la decisión del destete nocturno.

Los bebés que aprenden cosas nuevas duermen peor

Como he comentado antes, cuando los bebés aprenden cosas nuevas muy importantes para su desarrollo suelen dormir peor y despertarse más veces porque están asumiendo su nueva habilidad: gatear, andar, empezar la alimentación complementaria, cuando sale un diente...

Intentar un destete nocturno en este momento es demasiado complicado porque ellos dormirán peor y las mamás estarán más cansadas con lo todo se complicará demasiado. En estos casos es mejor esperar unos días.

Una vez ya hemos visto algunas cosas importantes que se deben conocer sobre el sueño infantil, vamos a ver cómo propongo destetar por la noche: con el llamado **Plan PADRE**.

¿Cómo hacer el Plan Padre?

Para poder hacer el Plan Padre, el papá del bebé debe estar de acuerdo en el destete nocturno y ayudar a la mamá en el proceso.

Si el bebé duerme en la habitación de los padres se colocará junto al papá para dormir, en lugar de colocarse junto a mamá. De esta forma, al estar un poco más lejos físicamente de la madre no notará tanto el olor a la leche materna y la pedirá menos.

Incluso hay mamás que se trasladan a dormir a otra habitación para que el bebé no las huela tanto, esto ya depende de cada familia y de sus posibilidades.

Si el bebé se despierta será el papá el que intentará calmarlo con lo que sepa que le gusta: un chupete, un cuento, un paseo, un masaje, una canción, mecerlo en brazos, etc.

Si el bebé llora y no se calma, no pasa nada. El papá le acercará el bebé a la madre para que le de el pecho porque no se trata de que llore y que se acostumbre a dejar el pecho nocturno con angustia. Lo que pretendemos con el Plan Padre es que el bebé se vaya acostumbrando poco a poco a aceptar a papá para calmarse y volverse a dormir.

Queremos que el niño entienda que papá también quiere atenderle por la noche y que puede calmarle si le da la oportunidad. Pero queremos conseguirlo con cariño y comprensión, por lo que le dejamos el tiempo que necesite para entenderlo.

Poco a poco el bebé se irá adaptando a la nueva situación, aceptará que el papá le ayude a volverse a dormir y dejará de pedir el pecho en sus despertares nocturnos.

El Plan Padre es una forma respetuosa y progresiva de destetar al bebé por la noche, es lento pero muy efectivo y sobre todo es un método muy amoroso.

Hay mamás que se quejan de que no avanzan porque el hecho de no ver resultados en seguida puede desanimar a cualquiera después del esfuerzo realizado, sin embargo si nos fijamos seguro que veremos avances.

Yo propongo anotar en un cuaderno el número de despertares del bebé y las veces que ha necesitado el pecho para dormirse o el número de veces que ha aceptado la ayuda de papá para dormirse de nuevo.

Si hacemos este registro durante varias noches veremos que poco a poco se va conformando un patrón en el que disminuye el llanto del bebé y de esta forma nos podemos animar viendo que el método está funcionando aunque vaya despacio.

Como he comentado anteriormente, si vemos que pasan muchos, muchos días y no estamos mejorando nada de nada, es posible que sea demasiado pronto para el bebé o que sea un mal momento para él y podemos dar marcha atrás con el destete nocturno. De hecho, algunos bebés a los que se intenta destetar antes de tiempo empiezan a despertarse más y a ser más dependientes todavía.

¿A partir de qué edad se puede aplicar el Plan Padre?

Yo no recomiendo realizar el Plan Padre antes de los 6-8 meses porque ya sabemos que durante los seis primeros 6 meses la lactancia debe ser exclusiva y a demanda por lo que no tiene sentido dejar el pecho por la noche.

Además a los 8 meses muchos bebés tienen un pico en el que duermen muy mal porque se les juntan muchas cosas al mismo tiempo: la angustia de la separación, los dientes, el gateo, la alimentación complementaria...

Sin embargo a partir de esa edad se puede intentar el Plan Padre para conseguir un destete nocturno.

También debemos saber que cuanto mayor sea el bebé, más fácil será conseguir que el destete nocturno tenga éxito porque el niño será capaz de entender mucho mejor las situaciones.

¿Y si el papá no está disponible?

En algunas familias el papá no vive con la mamá del bebé o no apoya su decisión de destetar o no puede ocuparse del bebé durante la noche por el motivo que sea...

En este caso también es posible destetar por la noche, aunque la mamá lo tendrá un poco más difícil.

Lo que puede hacer es explicarle al bebé que durante la noche las tetitas tienen que dormir y que cuando se despierte le ofreceremos otra cosa para calmarle (algo que sepamos que a nuestro hijo le gusta y le consuela): cogerle la manita, tocarle el pelo, abrazarlo, darle agua, cantarle una canción, acariciar su espalda, etc.

Podemos inventarnos un cuento de la "Teta cansada", por ejemplo: *"Érase una vez una teta tan cansada, tan cansada, tan cansada que si no dormía por las noches, por el día no podía funcionar. Nicolás adoraba tomar teta por la noche pero como no quería cansar más a la teta decidió dejarla dormir por las noches para poder disfrutar de ella por el día".*

Cuando se despierte si el niño se olvida de lo que hemos hablado sobre no tomar pecho por la noche, intentaremos estar tranquilas y ofrecerle el sustituto de consuelo que habíamos pactado juntos.

Si llora desconsolado y rechaza el sustituto le ofrecemos el pecho pero intentando limitar el tiempo: "sólo un poquito que el pecho tiene que dormir".

Al igual que en el plan PADRE no se trata de que llore, se trata de que poco a poco se vaya acostumbrando a volver a dormirse sin el pecho. Y de la misma forma seguro que tendremos avances poco a poco.

De la misma forma, para ver si el proceso está funcionando podemos tener un registro donde anotemos el número de despertares de nuestro hijo, el número de veces que ha aceptado el consuelo alternativo y el número de veces que ha necesitado el pecho.

Lentamente iremos viendo un patrón en el que el proceso de destete nocturno va avanzando.

Algunas ideas de consuelo alternativo que funcionan para otras mamás:
- Un chupete.
- Un masaje en la espalda.
- Cogerle de la manita.
- Un paseo en brazos.
- Cantarle una canción.
- Contarle un cuento muy suave.
- Un abrazo.
- Tocarle la cabecita o el pelo.
- Un abrazo fuerte.

RESUMEN

Destete Nocturno

Hay que saber que los bebés no sólo se despiertan por hambre.

El destete nocturno es un proceso lento y hay que estar preparados para tener paciencia.

Que un bebé esté destetado por la noche no asegura que vaya a dormir del tirón.

Los bebés que aprenden cosas nuevas duermen peor por lo que es mejor esperar a que normalicen su aprendizaje antes de enfrentarnos al destete nocturno.

La mejor forma es aplicando el Plan PADRE: el bebé duerme junto al papá para no oler el pecho de mamá. Si se despierta, el papá intenta calmarle y si llora mucho, la mamá le da el pecho.

Con el Plan PADRE se ven los resultados lentamente pero es un método muy efectivo y respetuoso.

Si el papá no está disponible tendrá que hacerlo todo la mamá.

8 DESTETE TOTAL

Se entiende como destete total cuando se deja de dar el pecho en todo momento y para siempre.

La mejor edad para intentar un destete completo y la más fácil es la que oscila entre los nueve meses y los trece o catorce meses porque ya disponemos de la alimentación complementaria para poder ir sustituyendo las tomas de pecho y porque es una edad en la que la curiosidad innata del bebé le empuja a interesarse por otras cosas. Ya no está tan interesado en tomar pecho si tiene un mundo apasionante por descubrir a su alrededor.

Destetar a esta edad será más fácil para los bebés y como consecuencia, para las madres también.

Si se realiza un destete total en un bebe pequeño, las recomendaciones serán las mismas que en el destete parcial, pero al sustituir las tomas seguiremos hasta eliminarlas todas.

Los cuadros de sustitución serian así:

Primer día de destete total (marcado en gris las tomas eliminadas):

9h	12h	15h	18h	21h	0h	3h.	6h.

Cuatro días después:

| 9h | 12h | 15h | 18h | 21h | 0h | 3h. | 6h. |

Cuatro días después:

| 9h | 12h | 15h | 18h | 21h | 0h | 3h. | 6h. |

Cuatro días después:

| 9h | 12h | 15h | 18h | 21h | 0h | 3h. | 6h. |

Una vez llegados a este punto empezaríamos a eliminar las tomas que mas convenientes fueran para la organización familiar, siempre dejando varios días para que la producción de leche se regule y no haya problemas.

Debemos saber que aunque eliminemos todas las tomas de pecho, es normal que sigamos produciendo leche durante varias semanas o incluso meses después del destete porque el cuerpo sigue teniendo un remanente de leche "por si acaso" se decide dar marcha atrás y recuperar la lactancia.

Si queremos destetar de forma total a un bebe mayorcito debemos ir sustituyendo las tomas de pecho por otros alimentos de forma alterna (intentando no eliminar dos tomas seguidas de pecho) y seguir las pautas comentadas anteriormente hasta conseguir sustituir todas las tomas diurnas. Para eliminar las tomas de la noche se puede aplicar el Plan Padre.

Si el papá no puede aplicar el Plan Padre o no está disponible habrá que ofrecer otras alternativas de consuelo: un chupete, un masaje, dar agua, un paseo en el carrito, mecerlo en brazos, cogerle de la mano, etc.

Cada mamá sabe lo que le funciona o le puede funcionar a su bebé porque cada bebé es distinto.

Por otra parte, hay que tener en cuenta que el bebé o niño pequeño debe tomar al menos medio litro de leche al día, así que si lo vamos a destetar completamente debemos asegurarnos de ofrecerle otro tipo de leche y lácteos para alcanzar los valores que el niño necesita.

Ideas para hacerlo más fácil

Igual que en el destete parcial hay algunos trucos que pueden hacer que este proceso de destete total sea más sencillo:

- **Sustitución**. Sustituir la toma de pecho por otros alimentos es la forma más sencilla de eliminar esa toma. Si comemos todos juntos en familia es muy probable que el bebé prefiera estar sentado a la mesa con nosotros y disfrute de su comida sin acordarse tanto del pecho. Cuanto mas mayor sea el bebe, mas cómodo se sentirá en la mesa familiar y menos se acordara del pecho.

- **Distracción**: Si el bebé está entretenido y distraído se acordará menos de pedir pecho. Se puede salir al parque, de excursión, a casa de un amigo, se puede ofrecer un juguete nuevo o hacer alguna actividad que le encante y que normalmente no hacemos (pintar con los dedos, ir a la feria, saltar en la cama...). Muchos bebes o niños pequeños solo piden pecho cuando están en casa o cuando se sienten aburridos. Si conseguimos mantener su mente distraída con otras cosas, no pensara tanto en pedir la teta.

- **Ofrecer chupete**. La necesidad de succión sigue siendo alta y podemos ayudar a nuestro hijo ofreciendo una alternativa al pecho.

- **Anticiparse** a los momentos en los que suele pedir pecho y cambiar la rutina. Por ejemplo si sabes que a tu hijo le encanta tomar pecho después del baño, puede bañarlo el papá hasta que esté destetado.

- **No olvidar** las recomendaciones generales: en este momento nuestro hijo necesitará más mimos, abrazos, demostraciones de afecto, más caricias, más tiempo juntos, no unir muchos cambios importantes a la vez, tener paciencia, saber detectar las señales que indican que estamos yendo demasiado deprisa....

Cuando ya no es un bebé

Cuando nuestro hijo ya es mayorcito y queremos destetarlo completamente podemos hacerlo de dos maneras que yo considero que son las mejores:

- No ofrecer no rechazar.
- Negociación.

No ofrecer, no rechazar

La manera más respetuosa de destetar a un niño es utilizando la técnica de "No ofrecer no rechazar". Es la que más respeta su ritmo y su evolución pero también es la más larga.

Conforme el niño va creciendo va pidiendo menos el pecho, sobretodo si la madre no se lo ofrece (en ningún momento, ni siquiera cuando se ha caído y está llorando). Si en un momento determinado pide pecho, la madre se lo da, pero no lo ofrece desde el principio.

Es decir, no niega la posibilidad del pecho pero tampoco le ofrece esta posibilidad.

Poco a poco, el niño cada vez pide menos pecho y al final se acaba destetando del todo.

El único inconveniente de esta técnica es que puede llegar a durar muchos meses y se necesita una alta dosis de paciencia para llevarla a cabo.

Negociación

Nuestro hijo merece nuestro respeto y nuestro amor. Cualquier cosa que hagamos con el debe ser respetuosa con sus necesidades y su forma de ser. Por otra parte, la lactancia es algo muy satisfactorio, pero debería serlo para las dos partes implicadas: la mamá y el niño.

Si la mamá no se siente bien dando el pecho a su hijo por el motivo que sea, debería explicárselo a su hijo porque el niños se lo merece. Es parte interesada en el binomio "mama-niño" que conforma la lactancia y lo menos que se puede hacer es ser sincera con el.

Además, es seguro que el niño está notando que su mamá no está a gusto dándole el pecho, siente miedo de perder su amor y se siente inseguro. De hecho es muy posible, que al notar que su madre se siente mal al darle el pecho, lo pida más insistentemente para sentirse querido y conectado con su mamá (que es justo lo contrario que queremos conseguir).

El niño lo puede pasar muy mal en estos momentos y lo más honesto y respetuoso es que sepa la verdad.

No debemos tener miedo de hablar con nuestro hijo. Los niños son buenos y muy generosos y suelen entender muy bien los sentimientos cuando se los explicamos con palabras sencillas.

Podemos explicarle que ya no estamos cómodas dándole el pecho, que estamos cansadas y que queremos dejarlo, pero siempre dejando claro que le queremos exactamente igual que antes.

Podemos negociar con él una forma de sustituir la demostración de afecto que obtiene con el pecho, algo que le demuestre que le queremos muchísimo para ofrecérselo cuando veamos que quiere pecho: un beso, un abrazo fuerte, unas cosquillas, un beso de gnomo, un masaje de pies, etc.

Es mejor que sea algo cariñoso pero no material o una golosina. Algo que le demuestre que seguimos queriéndole y que estamos a su lado para lo que necesite aunque no le demos el pecho.

Después entre los dos podemos buscar una fecha que nos venga bien a los dos. Ni muy pronto (apara que se haga a la idea internamente) ni muy tarde (para que no se olvide del acuerdo).

Y cuando llegue el día D lo hablamos y lo hacemos.

La negociación suele funcionar muy bien para conseguir un destete respetuoso y sin lágrimas en niños mayorcitos.

Incluso mamás que no se lo creen o que piensan que el sistema de la negociación no va a funcionar se sorprenden de lo maduros y comprensivos que son sus hijos porque lo comprenden todo y cumplen con el acuerdo perfectamente.

Los dos años

Los dos años merecen una mención especial en este libro porque son muy importantes en el desarrollo del niño.

A los dos años muchos niños parece que dan un paso atrás es aspectos emocionales y de dependencia:

- Bebés que jugaban tranquilos solos durante algunos minutos dejan de hacerlo y requieren la presencia de la madre de forma constante.

- Madres que se quejan de que no pueden ni ir al baño sin que el niño se ponga a gritar y a llorar.

- Niños que empiezan a llorar al quedarse en la guardería cuando antes se quedaban tranquilos.

- Niños que de repente sólo quieren a mamá para todo: vestirse, bañarse, comer, irse a la cama...

- Niños que empiezan a tener pesadillas por la noche y a dormir peor, etc.

Muchos niños que hacían dos o tres tomas de pecho al día empiezan a mamar cada poco tiempo cuando cumplen los dos años. De repente piden el pecho constantemente y parece que están todo el día en el pecho de su madre.

Lo cierto es que la edad de los dos años es muy complicada para los niños porque se producen muchísimos cambios que los pueden descolocar:

- Se dan cuenta de que son seres independientes de sus madres y necesitan reafirmar su independencia (por eso siempre tienen el NO en los labios) pero esto también les produce inseguridad.

- Coordinan mejor sus movimientos y adquieren la capacidad de aprender muchas cosas nuevas, pero no pueden controlar sus emociones y a veces se descontrolan.

- Su capacidad de expresarse mejora mucho, pero no lo suficiente como para explicarnos todo lo que le pasa.

- Algunos empiezan a controlar los esfínteres lo que supone un cambio importante.

- Están dejando de ser bebés y lo notan. Les gusta pero al mismo tiempo les asusta.

- Llega la edad de las rabietas.

Todos estos cambios pueden hacer que el niño pase por una época de "retroceso" en la que parece que ha vuelto a ser un bebé.

Si estamos pensando en destetar a nuestro hijo, tiene dos años y vemos que pide pecho como cuando era un recién nacido, es posible que sea mejor esperar un poco hasta que se vuelva más autónomo e independiente.

Como veremos a continuación, la edad de los tres años puede ser mucho más sencilla para encarar un proceso de destete.

Los tres años

Cuando el niño cumple los tres años es un momento muy especial y requiere una mención especial porque el niño sufre un cambio evolutivo muy importante:

- A los tres años el niño ya puede ser consciente de su madre aunque no esté presente visualmente, es decir que puede entender "de verdad" que si su mamá se va, va a volver después.

- Su necesidad de succión disminuye muchísimo por lo que bastantes niños abandonan espontáneamente el chupete a esta edad o deciden destetarse.

- La etapa oral suele terminar a los tres años por lo que además de no necesitar tanto la succión, tampoco necesita tanto la boca para expresar sus emociones.

- El desarrollo del lenguaje está muy avanzado y también su comprensión de las cosas y de las situaciones.

Si una mamá quiere destetar a su hijo y tiene tres años probablemente será la que más fácil lo tenga (si no ocurren otros cambios al mismo tiempo) porque la negociación con él será muy sencilla. El niño sera capaz de entender mucho mejor la situación y los sentimientos de la madre y de hecho empezara a ser capaz de empatizar con ella y entenderla mucho mejor.

Se le puede explicar que estamos cansadas de seguir dando el pecho, que nos gustaría expresar nuestro cariño de otra forma. Podemos explicar los buenos momentos que hemos disfrutado gracias a la lactancia y todos los beneficios que nos ha aportado a los dos, pero que ha llegado nuestro momento de avanzar y dejarla atrás.

Con tres años lo entenderá mucho mejor y el proceso será más sencillo.

Si una mamá tiene un hijo de más de dos años y sabe que a los tres años se producen todos estos cambios, quizá prefiera esperar unos meses para facilitar el proceso.

RESUMEN

Destete Total

La edad más sencilla para destetar totalmente a un bebé es entre los 9 y los 14 meses.

Por el día las consignas generales son las mismas: sustitución, distracción, ofrecer chupete, anticipación, no olvidar las recomendaciones generales.

Por la noche se recomienda el plan PADRE.

Cuando ya no es un bebé podemos seguir la técnica de "no ofrecer no negar" o la negociación.

Si decidimos destetar a los 3 años lo tendremos sencillo porque los niños suelen aceptarlo bien por su proceso evolutivo.

9 BIBLIOGRAFÍA

- Un Regalo para Toda la Vida, Carlos González
- Lactancia Materna, Guía para Profesionales. Comité de Lactancia Materna de la Asociación Española de Pediatría
- Manual de Lactancia Materna, de la teoría a la práctica. Comité de Lactancia Materna de la Asociación Española de Pediatría
- Alimentación complementaria y período del destete
- Nutrición en la Infancia y la Adolescencia. Ballabriga A, Carrascosa A
- Breastfeeding a Guide for the Medical Profession, Lawrence R
- Dormir sin Lágrimas, Rosa Jove

10 ACERCA DE LA AUTORA

Pilar Martínez Álvarez es farmacéutica, asesora de lactancia y madre de dos hijas.

Es la mamá al frente del blog Maternidad Continuum donde escribe habitualmente sobre lactancia materna, crianza, sueño infantil, educación y cualquier tema que esté relacionado con la maternidad, siempre desde el punto de vista de la crianza respetuosa.

http://www.maternidadcontinuum.com

En su blog se puede descargar gratuitamente una Guía para el Almacenamiento y Extracción de Leche Materna.

Es autora del libro "Los 5 Pasos para Tener Éxito en tu Lactancia Materna" y de la "Guía Lapida de Lactancia Materna".

Co-Directora del Programa de Formación de Asesoras de Lactancia Materna EDULACTA (www.edulacta.com).

11 ACERCA DE LA ILUSTRADORA

¿Quien soy?
Mi Nombre: Sheila Ozuo-Omen.
Mi edad a día de hoy: 10 Años.

¿Qué hago?
Intento aportar mi visión del mundo a través de dibujos.
algunos me llaman ilustradora (que por cierto es un nombre que me gusta), también me gusta escribir y en breve podréis conocer algunos de mis libros.

Mi currículum:
con 6 años comenzó mi andadura por el mundo del juego y de la ilustración, plasmados en el juego de mesa playter.

¿Y después...?
continué con el cuento infantil "luna y su dolor de piernas", el primero de una colección que ya podéis disfrutar.

y en medio de todo esto surgió la propuesta de ilustrar este libro que estás leyendo.

Espero que lo disfrutes y que te gusten mis dibujos.

Un besito.

www.ingramcontent.com/pod-product-compliance
Lightning Source LLC
Chambersburg PA
CBHW071409040426
42444CB00009B/2168